Dr. Oetker

Waffeln

Titelrezept – mit Alkohol

Sandwaffeln

8–9 Waffeln

Für den Sandteig:
175 g Kokosfett
175 g Zucker
1 Pck. Dr. Oetker Vanillin-Zucker
½ Fläschchen Rum-Aroma
1 Prise Salz
4 Eier (Größe M)
225 g Weizenmehl
25 g Speisestärke
½ gestr. TL Dr. Oetker Backin

Zum Bestäuben:
Puderzucker

Zubereitungszeit: 70 Minuten

Insgesamt:
E: 52 g, F: 204 g, Kh: 384 g,
kJ: 14953, kcal: 3572

1 Für den Teig Kokosfett zerlassen, in eine Rührschüssel geben und erkalten lassen.

2 Das wieder etwas fest gewordene Fett mit Handrührgerät mit Rührbesen auf höchster Stufe geschmeidig rühren. Nach und nach Zucker, Vanillin-Zucker, Aroma und Salz unterrühren. So lange rühren, bis eine gebundene Masse entstanden ist.

3 Eier nach und nach unterrühren (jedes Ei etwa ½ Minute). Mehl mit Speisestärke und Backpulver mischen, sieben, in 2 Portionen auf mittlerer Stufe unterrühren.

4 Etwa 2–3 Esslöffel Teig in ein gut erhitztes, gefettetes Waffeleisen füllen. Die Waffeln goldbraun backen, mit einer Gabel oder einem Pfannenwender herausnehmen und einzeln auf einem Kuchenrost erkalten lassen. Waffeln mit Puderzucker bestäubt servieren.

Tipp: *Nach Belieben Schokoladen- und Sandwaffeln in Herzen teilen. Die hellen und dunklen Waffelherzen mit halb steif geschlagener Sahne und etwas Konfitüre zu einem Türmchen schichten. Mit Puderzucker bestäuben und mit Erdbeerhälften garnieren.*

Dr. Oetker

Waffeln

Dr. Oetker Verlag

Vorwort

Waffeln sind echte Stars. Auf Stadtteil-, Sport- und Schulfesten sind sie besonders gefragt. Wenn Sie nicht länger Schlange stehen wollen, holen Sie sich doch den Duft frisch gebackener Waffeln ins Haus.

Waffeln lassen sich schnell und leicht zubereiten. Egal, ob süß oder pikant, ob zu Kaffee oder Tee, als Dessert, als Snack oder leichte Mahlzeit–Waffeln sind beliebt bei Jung und Alt.

Schnell angerüht und etwas für ganz heiße Eisen, nämlich Waffeleisen, das sind die Rezepte in diesem Buch. Schaumig locker, duftig zart oder aber würzig, hier ist für jeden Geschmack etwas dabei. Im Gegensatz zu früher ist das Waffelbacken mit den modernen Waffeleisen ein Kinderspiel.

Die Grundzutaten hat man fast immer im Haus und so sind Waffeln für Freunde und Familie schnell gemacht.

Neben der klassischen Herzchenwaffel gibt es im belgischen und französischen Raum die Brüsseler Waffel mit ihrer typischen eckigen Form. In Norddeutschland gibt es die sogenannten Eiser- oder Neujahrskuchen, die hauchdünn sind und an Oblaten erinnern. Sie werden meist direkt nach dem Backen im noch warmen Zustand gerollt und anschließend mit Eis oder Sahne gefüllt. Für alle diese verschiedenen Waffeln gibt es spezielle Waffeleisen.

In diesem Buch haben wir über 40 Waffelrezepte zusammengestellt, so dass für jeden Geschmack etwas dabei ist. Entdecken Sie, wie schnell und unkompliziert sich Waffeln zubereiten und wie leicht sie sich variieren lassen.

Kapitelübersicht

Süße Waffeln

Seite 10–63

Pikante Waffeln

Seite 64–93

Einführung

Zubereitungszeiten

Die Zubereitungszeit beinhaltet die Zeit für die eigentliche Zubereitung und die Backzeiten. Längere Wartezeiten, wie z. B. Kühlzeiten, sind nicht mit einbezogen.

Waffelteig

Waffelteig ist in der Regel etwas weicher als Kuchenteig. Deshalb auf jeden Fall weiche Butter oder Margarine verwenden.

Waffeleisen

Es gibt unterschiedliche Waffeleisen, in unterschiedlichen Größen, z. B. für Herzchenwaffeln, Brüsseler Waffeln und Eiserkuchen. Es kann also sein, dass die angegebenen Teigmengen beim Nachbacken mehr oder weniger Waffeln ergeben. Deshalb am besten eine Probewaffel backen und Teigmenge und Backzeit daran ausrichten. Die Waffeleisen sind heute in der Regel antihaftbeschichtet, so lassen sich die fertig gebackenen Waffeln leicht aus dem Waffeleisen herausheben. Damit die Antihaftbeschichtung erhalten bleibt, sollten Sie Pfannenwender aus Holz oder hitzebeständigem Kunststoff verwenden. Nicht geeignet zum Herausheben sind scharfe oder spitze Geräte.

Backtemperatur

Die richtig eingestellte Backtemperatur ist ebenso wichtig wie die Zubereitung. Die Backzeiten können je nach Gerät länger oder kürzer sein. Es ist deshalb erforderlich, die Anleitungen der Hersteller, die den Waffeleisen beiliegen, genau zu beachten. Waffeln sollten besonders gegen Ende der Backzeit genau beobachtet werden.

Garprobe
Waffeln sollen nach dem Backen von beiden Seiten goldbraun sein.

Aufbewahrung
Ungefüllte Waffeln lassen sich gut auf Vorrat zubereiten und einfrieren. Gefrorene Waffeln kann man, leicht angetaut, nochmals kurz im Waffeleisen oder im heißen Backofen erwärmen.

Rezepte
Alle Rezepte sind von Dr. Oetker entwickelt und getestet worden. Sie sind ausführlich beschrieben und zum besseren Nachvollziehen übersichtlich in Punkte gegliedert. Die Zutaten sind in der Reihenfolge der Verwendung in einer Spalte aufgeführt, so dass leicht nachvollziehbar ist, was für das Rezept benötigt wird. Die Rezepte enthalten darüber hinaus Zubereitungszeit und Nährwertangaben.

Hinweise zu den Rezepten
Lesen Sie bitte vor der Zubereitung – besser noch vor dem Einkaufen – das Rezept einmal vollständig durch. Oft werden Arbeitsabläufe oder -zusammenhänge dann klarer.

Bitte beachten Sie deshalb bei der Einstellung des Waffeleisens die Gebrauchsanweisung des Herstellers.

Abkürzungen
EL = Esslöffel
TL = Teelöffel
Msp. = Messerspitze
Pck. = Packung/Päckchen
g = Gramm
kg = Kilogramm
ml = Milliliter
l = Liter
evtl. = eventuell
geh. = gehäuft
gestr. = gestrichen
TK = Tiefkühlprodukt
°C = Grad Celsius
Ø = Durchmesser
E = Eiweiß
F = Fett
Kh = Kohlenhydrate
kcal = Kilokalorien
kJ = Kilojoule

Süße Waffeln

Es ist immer etwas Besonderes, wenn der Duft von frisch gebackenen Waffeln durch das Haus zieht.

Cornflakes-Schoko-Waffeln

10 Doppelwaffeln (Brüsseler Waffeleisen)

Für den Rührteig:
100 g Cornflakes
50 g Schokolade mit Milchcremefüllung für Kinder
125 g Butter oder Margarine
40 g Zucker
50 g flüssiger Honig
3 Eier (Größe M)
100 g Weizenmehl
200 ml Milch

Für den Belag:
200 g Hüttenkäse
50 g geraspelte Kinderschokolade

Zubereitungszeit: 45 Minuten, ohne Abkühlzeit

Insgesamt:
E: 80 g, F: 177 g, Kh: 294 g, kJ: 13084, kcal: 3127

1 Für den Teig Cornflakes in einen Gefrierbeutel geben, Beutel verschließen. Cornflakes mit einer Teigrolle fein zerbröseln. Schokolade zuerst in Stücke brechen, dann in kleine Würfel schneiden.

2 Butter oder Margarine mit Handrührgerät mit Rührbesen auf höchster Stufe geschmeidig rühren. Nach und nach Zucker und Honig unterrühren. So lange rühren, bis eine gebundene Masse entstanden ist.

3 Eier nach und nach unterrühren (jedes Ei etwa ½ Minute). Mehl sieben, mit der Milch in 2 Portionen auf mittlerer Stufe unterrühren. Cornflakesbrösel und Schokoladenwürfel unterheben.

4 Jeweils gut 2 Esslöffel Teig in ein gut erhitztes, gefettetes Waffeleisen füllen und verstreichen. Die Waffeln goldgelb backen, mit einer Gabel oder einem Pfannenwender herausnehmen und einzeln auf einem Kuchenrost erkalten lassen.

5 Für den Belag Hüttenkäse auf den Waffeln verteilen und mit geraspelter Schokolade bestreuen.

Tipp: *Die Waffeln mit frischen Früchten, z. B. Erdbeeren garnieren.*

Buttermilchwaffeln

8–10 Waffeln

– arg süß
– mittel, evtl. Frucht-Buttermilch durch normale Buttermilch ersetzen

Für den Schüttelteig:
275 g Weizenmehl
50 g Speisestärke
2 gestr. TL Dr. Oetker Backin
100 g Zucker
1 Pck. Dr. Oetker Vanillin-Zucker
1 Pck. Dr. Oetker Finesse Orangenfrucht
75 ml Speiseöl
500 ml (½ l) Frucht-Buttermilch (Multivitamin)

Für den Belag:
1 Pck. Saucenpulver Vanille-Geschmack, ohne Kochen
125 ml (⅛ l) Orangensaft
250 g Ricotta (italienischer Frischkäse)

Nach Belieben zum Garnieren:
Orangenfilets
Orangenschale

Zubereitungszeit: 65 Minuten, ohne Abkühlzeit

Insgesamt:
E: 66 g, F: 121 g, Kh: 448 g, kJ: 13278, kcal: 3165

1 Für den Teig Mehl mit Speisestärke und Backpulver mischen, in eine verschließbare Schüssel (3-Liter-Inhalt) sieben, mit Zucker, Vanillin-Zucker und Orangenfrucht mischen. Speiseöl und Buttermilch hinzufügen. Schüssel mit dem Deckel fest verschließen.

2 Mehrmals (insgesamt 15–30 Sekunden) kräftig schütteln, so dass alle Zutaten gut vermischt sind. Alles mit einem Schneebesen oder Rührlöffel nochmals sorgfältig durchrühren, damit vor allem trockene Zutaten vom Rand mit untergerührt werden.

3 Den Teig in nicht zu großen Portionen in ein gut erhitztes, gefettetes Waffeleisen füllen. Die Waffeln goldbraun backen, mit einer Gabel oder einem Pfannenwender herausnehmen und einzeln auf einen Kuchenrost legen.

4 Für den Belag Saucenpulver mit Orangensaft nach Packungsanleitung zubereiten.

5 Ricotta mit zwei Drittel der Orangensauce geschmeidig rühren. Jeweils 1 Esslöffel der Ricottamasse auf eine Waffel geben. Die Waffeln mit der restlichen Orangensauce beträufeln.

6 Die Waffeln nach Belieben mit Orangenfilets und -schalen garnieren und sofort servieren.

Einfach

Dinkelwaffeln mit Mineralwasser und Datteln

8 Waffeln

Für den Rührteig:
125 g Butter oder Margarine
100 g Rohrzucker (brauner Zucker)
Mark von 1 Vanilleschote oder
1 Pck. Dr. Oetker Bourbon-Vanille-Zucker
4 Eier (Größe M)
250 g Dinkelmehl (Type 630)
1 gestr. TL Dr. Oetker Backin
150 ml Mineralwasser (Medium)
125 g in kleine Würfel geschnittene, getrocknete Datteln

Nach Belieben:
2–3 EL Hagebuttenkonfitüre

Zubereitungszeit: 30 Minuten, ohne Abkühlzeit

Insgesamt:
E: 61 g, F: 136 g, Kh: 354 g, kJ: 12179, kcal: 2910

1 Für den Teig Butter oder Margarine mit Handrührgerät mit Rührbesen auf höchster Stufe geschmeidig rühren. Nach und nach Rohrzucker und Vanillemark oder Vanille-Zucker unterrühren. So lange rühren, bis eine gebundene Masse entstanden ist.

2 Eier nach und nach unterrühren (jedes Ei etwa ½ Minute). Mehl mit Backpulver mischen, abwechselnd mit dem Mineralwasser in 2 Portionen auf mittlerer Stufe unterrühren. Zuletzt Dattelwürfel unterheben.

3 Jeweils 2–3 Esslöffel Teig in ein gut erhitztes, gefettetes Waffeleisen füllen und verstreichen. Die Waffeln goldbraun backen und mit einer Gabel oder einem Pfannenwender herausnehmen. Waffeln einzeln auf einen Kuchenrost legen und erkalten lassen.

4 Die Waffeln nach Belieben mit etwas Hagebuttenkonfitüre servieren.

Bananenwaffeln mit heißer Schokoladensauce

7–8 Waffeln

Zum Vorbereiten:
1 Banane
1 EL Zitronensaft

Für den Schüttelteig:
200 g Weizenmehl
2 gestr. TL Dr. Oetker Backin
50 g gemahlene Haselnusskerne
75 g Zucker
1 Pck. Dr. Oetker Vanillin-Zucker
1 Prise Salz
3 Eier (Größe M)
4 EL Mineralwasser (medium)
125 g zerlassene, abgekühlte Butter oder Margarine

Für die Sauce:
100 ml Milch
50 g Zartbitterschokolade
2–3 EL Cognac

Zubereitungszeit: 65 Minuten, ohne Abkühlzeit

Insgesamt:
E: 55 g, F: 179 g, Kh: 280 g, kJ: 12734, kcal: 3042

1 Zum Vorbereiten Banane schälen, mit einer Gabel fein zerdrücken und mit Zitronensaft beträufeln.

2 Für den Teig Mehl mit Backpulver mischen und in eine verschließbare Schüssel (3-Liter-Inhalt) sieben, mit Haselnusskernen, Zucker, Vanillin-Zucker und Salz mischen. Eier, Mineralwasser und Butter oder Margarine hinzufügen. Schüssel mit dem Deckel fest verschließen.

3 Mehrmals (insgesamt 15–30 Sekunden) kräftig schütteln, so dass alle Zutaten gut vermischt sind. Bananenmus hinzugeben. Alles mit einem Schneebesen oder Rührlöffel nochmals sorgfältig durchrühren, damit vor allem trockene Zutaten vom Rand mit untergerührt werden.

4 Den Teig in nicht zu großen Portionen in ein gut erhitztes, gefettetes Waffeleisen füllen und verstreichen. Die Waffeln goldbraun backen, mit einer Gabel oder einem Pfannenwender herausnehmen und einzeln auf einem Kuchenrost erkalten lassen.

5 Für die Sauce Milch in einem kleinen Topf erhitzen. Schokolade in Stücke brechen und unter Rühren in der Milch schmelzen. Cognac unterrühren. Die Sauce heiß zu den Waffeln reichen.

Glasierte Schokoladenwaffeln

7 Waffeln

Für den All-in-Teig:
250 ml (¼ l) Schlagsahne
1 Tafel (100 g) Edelbitterschokolade (70 % Kakaoanteil)
100 g Butter oder Margarine
175 g Weizenmehl
½ gestr. TL Dr. Oetker Backin
75 g Puderzucker
1 Pck. Dr. Oetker Bourbon-Vanille-Zucker
½ Pck. Dr. Oetker Finesse Orangenfrucht
2 Eier (Größe M)

Zum Glasieren:
etwa 125 g Aprikosen- oder Kirsch-Fruchtaufstrich

Außerdem:
200 ml Schlagsahne
1 EL Grand Marnier oder Kirschwasser

Zubereitungszeit: 40 Minuten, ohne Abkühlzeit

Insgesamt:
E: 48 g, F: 274 g, Kh: 310 g, kJ: 16646, kcal: 3978

1 Für den Teig Sahne in einem Topf erhitzen. Topf von der Kochstelle nehmen. Schokolade in Stücke brechen, mit Butter oder Margarine unter Rühren in der Sahne schmelzen lassen lassen. Schokoladensahne abkühlen lassen.

2 Mehl mit Backpulver mischen und in eine Rührschüssel sieben. Puderzucker, Vanille-Zucker, Orangenfrucht, Eier und die Schokoladensahne hinzufügen. Die Zutaten mit Handrührgerät mit Rührbesen zunächst kurz auf niedrigster, dann auf höchster Stufe in etwa 2 Minuten zu einem glatten Teig verarbeiten.

3 Jeweils 2–3 Esslöffel Teig in ein gut erhitztes, gefettetes Waffeleisen füllen und verstreichen. Die Waffeln knusprig braun backen, mit einer Gabel oder einem Pfannenwender herausnehmen und einzeln auf einen Kuchenrost legen.

4 Zum Glasieren Fruchtaufstrich in einem Topf unter Rühren aufkochen lassen. Die Waffeln sofort nach dem Backen damit bestreichen und einzeln auf dem Kuchenrost erkalten lassen.

5 Sahne steif schlagen, Grand Marnier oder Kirschwasser unterheben. Die Waffeln mit der Sahne servieren. Je einen Klecks Fruchtaufstrich auf die Sahne geben.

Tipp: *Zusätzlich etwa 40 g weiße Schokolade in kleine Würfel schneiden. Auf dem verstrichenen Teig je Waffel einige Schokowürfel verteilen und backen.*

Marzipan-Sahne-Waffeln

10–12 Waffeln

Für den Rührteig:
100 g Marzipan-Rohmasse
150 g Butter oder Margarine
150 g Zucker
1 Pck. Dr. Oetker Finesse
Geriebene Zitronenschale
3 Eier (Größe M)
250 g Weizenmehl
2 gestr. TL Dr. Oetker Backin
100 ml Schlagsahne

Zubereitungszeit: 35 Minuten, ohne Abkühlzeit

Ingesamt:
E: 60 g, F: 216 g, Kh: 372 g, kJ: 15479, kcal: 3699

1 Für den Teig Marzipan in kleine Stücke schneiden und in eine Rührschüssel geben. Butter oder Margarine hinzufügen und mit Handrührgerät mit Rührbesen auf höchster Stufe geschmeidig rühren. Zucker und Zitronenschale hinzufügen. So lange rühren, bis eine gebundene Masse entstanden ist.

2 Eier nach und nach unterrühren (jedes Ei etwa ½ Minute). Mehl mit Backpulver mischen, sieben, abwechselnd mit der Sahne in 2 Portionen auf mittlerer Stufe unterrühren.

3 Jeweils 2 Esslöffel Teig in ein gut erhitztes, gefettetes Waffeleisen füllen und verstreichen. Die Waffeln goldbraun backen, mit einer Gabel oder einem Pfannenwender herausnehmen und einzeln auf einem Kuchenrost erkalten lassen.

Tipp: *Die Waffeln mit Puderzucker bestäuben und heiße Kirschen mit steif geschlagener Schlagsahne dazu servieren.*

Vanillewaffeln mit Nougatfüllung

10 Doppelwaffeln (Brüsseler Waffeleisen)

Für den Rührteig:
125 g Butter oder Margarine
75 g Puderzucker
3 Eier (Größe M)
225 g Weizenmehl
½ gestr TL Dr. Oetker Backin
250 ml (¼ l) Bourbon-Vanille-Sauce mit Sahne (aus dem Kühlregal)

Für die Füllung:
100 g Haselnusskerne
150 g Nuss-Nougat
75 g Speisefettglasur, Vollmilch

Puderzucker nach Belieben

Zubereitungszeit: 50 Minuten

Insgesamt:
E: 72 g, F: 263 g, Kh: 424 g, kJ: 18264, kcal: 4358

1 Für den Teig Butter oder Margarine mit Handrührgerät mit Rührbesen auf höchster Stufe geschmeidig rühren. Nach und nach Puderzucker unterrühren. So lange rühren, bis eine gebundene Masse entstanden ist.

2 Eier nach und nach unterrühren (jedes Ei etwa ½ Minute). Mehl mit Backpulver mischen, sieben, abwechselnd mit der Vanille-Sauce in 2 Portionen auf mittlerer Stufe unterrühren.

3 Jeweils 2 Esslöffel Teig in ein gut erhitztes, gefettetes Waffeleisen füllen und verstreichen. Die Waffeln goldbraun backen, mit einer Gabel oder einem Pfannenwender herausnehmen, einzeln auf einem Kuchenrost erkalten lassen.

4 Für die Füllung Haselnusskerne (10 Haselnusskerne beiseite legen) in kleine Würfel hacken, in einer Pfanne ohne Fett goldgelb rösten, herausnehmen und auf einem Teller erkalten lassen.

5 Nuss-Nougat und Speisefettglasur in einem kleinen Topf im Wasserbad bei schwacher Hitze schmelzen (gut 1 Esslöffel der Nougatmasse in ein Pergamentpapiertütchen geben), die gerösteten Haselnusskerne unterheben.

6 Die Waffeln halbieren. Eine Hälfte der halbierten Waffeln mit der Nuss-Nougat-Creme bestreichen und jeweils die zweite Waffelhälfte darauf legen, leicht andrücken.

7 Die beiseite gelegten Haselnusskerne halbieren, auf den gefüllten Waffeln verteilen und mit der beiseite gelegten Nuss-Nougat-Creme aus dem Pergamentpapiertütchen bespritzen. Waffeln bis zum Verzehr kalt stellen. Die Waffeln nach Belieben mit Puderzucker bestäubt servieren.

Mohn-Hefe-Waffeln

10 Waffeln

Für den Hefeteig:
275 g Weizenmehl
1 Pck. Hefeteig Garant
1 Prise Salz
100 g Zucker
2 Eier (Größe M)
100 g zerlassene, abgekühlte Butter oder Margarine
250 ml (¼ l) Schlagsahne
1 Pck. (250 g) Mohnback
1 Pck. (125 g) Rumrosinen

Zum Bestäuben:
etwas Puderzucker

Für die Beilage:
1 Becher Vanillesauce aus dem Kühlregal

Zubereitungszeit: 25 Minuten, ohne Abkühlzeit

Insgesamt:
E: 79 g, F: 221 g, Kh: 512 g, kJ: 18570, kcal: 4429

1 Für den Teig Mehl in eine Rührschüssel sieben und sorgfältig mit Hefeteig Garant mischen. Salz, Zucker, Eier, Butter oder Margarine, Sahne und Mohnback hinzufügen.

2 Die Zutaten mit Handrührgerät mit Rührbesen zunächst auf niedrigster, dann auf höchster Stufe gut verrühren. Rumrosinen kurz unterarbeiten.

3 Jeweils etwa 3 Esslöffel Teig in ein gut erhitztes, gefettetes Waffeleisen füllen und verstreichen. Die Waffeln goldbraun backen, mit einer Gabel oder einem Pfannenwender herausnehmen und einzeln auf einem Kuchenrost erkalten lassen.

4 Die Waffeln mit Puderzucker bestäuben und servieren. Vanillesauce dazu reichen.

Tipp: *Zu den Waffeln Vanille-Mousse statt der Vanillesauce reichen.*

Kaffeewaffeln

9 Waffeln

Zum Vorbereiten:
150 ml Wasser
3 Pck. (je 2 g) Instant-Kaffeepulver

Für den Schüttelteig:
250 g Weizenmehl
1 gestr. TL Dr. Oetker Backin
125 g Zucker
1 Msp. gemahlene Nelken
1 Msp. gemahlener Zimt
3 Eier (Größe M)
150 g zerlassene, abgekühlte Butter

Nach Belieben:
200 ml Schlagsahne
1 Pck. Dr. Oetker Sahnesteif
1 TL Zucker
1 gestr. TL Kakaopulver oder 1–2 EL Rum

Zubereitungszeit: 35 Minuten, ohne Abkühlzeit

Insgesamt:
E: 46 g, F: 151 g, Kh: 303 g, kJ: 11614, kcal: 2776

1 Zum Vorbereiten Wasser in einem kleinen Topf zum Kochen bringen und in eine Tasse gießen. Kaffeepulver hinzufügen und unter Rühren auflösen, erkalten lassen.

2 Für den Teig Mehl mit Backpulver mischen, in eine verschließbare Schüssel (3-Liter-Inhalt) sieben, mit Zucker, Nelken und Zimt mischen. Eier, Butter und die Kaffeeflüssigkeit hinzufügen. Schüssel mit dem Deckel fest verschließen.

3 Mehrmals (insgesamt 15–30 Sekunden) kräftig schütteln, so dass alle Zutaten gut vermischt sind. Alles mit einem Schneebesen oder Rührlöffel nochmals sorgfältig durchrühren, damit vor allem trockene Zutaten vom Rand mit untergerührt werden.

4 Jeweils 2–3 Esslöffel Teig in ein gut erhitztes, gefettetes Waffeleisen füllen und verstreichen. Die Waffeln goldbraun backen, mit einer Gabel oder einem Pfannenwender herausnehmen und einzeln auf einem Kuchenrost erkalten lassen.

5 Nach Belieben Sahne mit Sahnesteif und Zucker steif schlagen, Kakaopulver oder Rum unterrühren. Die Kakao- oder Rumsahne zu den Waffeln reichen.

Tipp: *Je 1 Teelöffel Schoko-Tröpfchen vor dem Backen auf dem Teig verteilen (insgesamt 75 g Schoko-Tröpfchen).*

Vanillejoghurt-Waffeln mit Erdbeeren

8 Waffeln

Für den Rührteig:
125 g Butter oder Margarine
100 g gesiebter Puderzucker
4 Eier (Größe M)
150 g Weizenmehl
1 Pck. Saucenpulver Vanille-Geschmack, zum Kochen
300 g Vanillejoghurt

Für die Beilage:
250 g Erdbeeren
abgeriebene Schale von ½ Bio-Zitrone (unbehandelt, ungewachst)
1 EL Zitronensaft
2 EL Puderzucker

Zubereitungszeit: 40 Minuten, ohne Abkühlzeit

Insgesamt:
E: 56 g, F: 144 g, Kh: 303 g, kJ: 11575, kcal: 2764

1 Für den Teig Butter oder Margarine mit Handrührgerät mit Rührbesen auf höchster Stufe geschmeidig rühren. Nach und nach Puderzucker unterrühren. So lange rühren, bis eine gebundene Masse entstanden ist.

2 Eier nach und nach unterrühren (jedes Ei etwa ½ Minute). Mehl mit Saucenpulver mischen, sieben und abwechselnd mit dem Joghurt in 2 Portionen auf mittlerer Stufe unterrühren.

3 Jeweils gut 2 Esslöffel Teig in ein gut erhitztes, gefettetes Waffeleisen geben und verstreichen. Die Waffeln goldbraun backen, mit einer Gabel oder einem Pfannenwender herausnehmen und einzeln auf einem Kuchenrost erkalten lassen.

4 Für die Beilage Erdbeeren waschen, abtropfen lassen, entstielen und in Scheiben schneiden. Zitronenschale mit Zitronensaft verrühren und auf den Erdbeerscheiben verteilen.

5 Die Waffeln mit den Erdbeerscheiben belegen und mit Puderzucker bestäuben.

Kokoswaffeln

8 Waffeln

Für den Rührteig:
175 g Butter oder Margarine
100 g brauner Zucker
3 Eigelb (Größe M)
125 g Weizenmehl
50 g Speisestärke
1 kleine Dose (160 ml) Kokosmilch, cremig
3 Eiweiß (Größe M)
1 Prise Salz
1 EL Batida de Côco (Kokoslikör)

Für die Kokossahne:
30 g Kokosraspel
200 ml Schlagsahne
4 EL Batida de Côco

Zubereitungszeit: 40 Minuten, ohne Abkühlzeit

Insgesamt:
E: 42 g, F: 278 g, Kh: 258 g, kJ: 16164, kcal: 3868

1 Für den Teig Butter oder Margarine mit Handrührgerät mit Rührbesen auf höchster Stufe geschmeidig rühren. Nach und nach Zucker unterrühren. So lange rühren, bis eine gebundene Masse entstanden ist.

2 Eigelb nach und nach unterrühren (jedes Eigelb knapp ½ Minute). Mehl mit Speisestärke mischen, sieben, abwechselnd mit der Kokosmilch in 2 Portionen auf mittlerer Stufe unterrühren.

3 Eiweiß mit Salz steif schlagen. Eischnee und Batida de Côco unter den Teig heben.

4 Jeweils 2–3 Esslöffel Teig in ein gut erhitztes, gefettetes Waffeleisen füllen und verstreichen. Die Waffeln goldgelb backen, mit einer Gabel oder einem Pfannenwender herausnehmen und einzeln auf einem Kuchenrost erkalten lassen.

5 Für die Kokossahne Kokosraspel in einer Pfanne ohne Fett goldgelb rösten, herausnehmen und auf einem Teller erkalten lassen. Sahne steif schlagen, Batida de Côco unterrühren. Die Kokossahne mit den gerösteten Kokosraspeln bestreuen und zu den Waffeln reichen.

Tipp: *Zusätzlich 50 g Kokosraspel unter den Teig heben. Für Kinder Batida de Côco durch Milch ersetzen und die Kokossahne nur mit Kokosraspeln zubereiten.*

Mascarpone-Waffeln mit Orangen und Weintrauben

10 Doppelwaffeln (Brüsseler Waffeleisen)

Für den Rührteig:
50 g Butter oder Margarine
250 g Mascarpone (italienischer Frischkäse)
125 g Zucker
1 Pck. Dr. Oetker Vanillin-Zucker
abgeriebene Schale von ½ Bio-Orange (unbehandelt, ungewachst)
2 Eier (Größe M)
150 g Weizenmehl
50 g Speisestärke
½ gestr. TL Dr. Oetker Backin
50 ml Orangensaft (von der Orange)

Für den Belag:
2–3 Orangen
125 g kernlose, grüne Weintrauben
½ Pck. Tortenguss, klar (oder 1 geh. TL Speisestärke)
25 g Zucker
100 ml Orangensaft (von den Orangen)
25 ml Zitronensaft

Nach Belieben:
Puderzucker
Minzeblättchen

Zubereitungszeit: 45 Minuten, ohne Abkühlzeit

Insgesamt:
E: 44 g, F: 166 g, Kh: 384 g, kJ: 13723, kcal: 3277

1 Für den Teig Butter oder Margarine und Mascarpone mit Handrührgerät mit Rührbesen auf höchster Stufe geschmeidig rühren. Nach und nach Zucker und Vanillin-Zucker unterrühren. So lange rühren, bis eine gebundene Masse entstanden ist. Orangenschale hinzufügen.

2 Eier nach und nach unterrühren (jedes Ei etwa ½ Minute). Mehl mit Speisestärke und Backpulver mischen, sieben, abwechselnd mit dem Orangensaft in 2 Portionen auf mittlerer Stufe unterrühren.

3 Jeweils gut 2 Esslöffel Teig in ein gut erhitztes, gefettetes Waffeleisen füllen und verstreichen. Die Waffeln goldbraun backen, mit einer Gabel oder einem Pfannenwender herausnehmen und einzeln auf einem Kuchenrost erkalten lassen.

4 Für den Belag Orangen so schälen, dass die weiße Haut mit entfernt wird. Orangen filetieren und den Saft dabei auffangen. Weintrauben waschen, trockentupfen und halbieren.

5 Tortengusspulver oder Speisestärke mit Zucker in einem kleinen Topf mischen, Orangen- und Zitronensaft hinzugeben und gut verrühren, unter Rühren zum Kochen bringen. Topf von der Kochstelle nehmen. Das vorbereitete Obst unterheben.

6 Je einen gut gehäuften Esslöffel der Fruchtmasse in die Mitte der Waffeln geben und erkalten lassen.

7 Die Waffeln nach Belieben mit Puderzucker bestäuben und mit Minzeblättchen garnieren.

Cranberry-Waffeln

9–10 Waffeln

Für den All-in-Teig:
225 g Weizenmehl
50 g Speisestärke
75 g Zucker
1 Pck. Dr. Oetker Vanillin Zucker
3 Eier (Größe M)
100 g weiche Butter
300 g Vanillejoghurt
75 ml Milch
125 g Cranberries, getrocknet, gezuckert

Zum Bestreuen:
etwa 40 g Hagelzucker

Zubereitungszeit: 25 Minuten

Insgesamt:
E: 57 g, F: 123 g, Kh: 475 g,
kJ: 13699, kcal: 3268

1 Für den Teig Mehl mit Speisestärke mischen und in eine Rührschüssel sieben. Zucker, Vanillin-Zucker, Eier, Butter, Joghurt und Milch hinzufügen. Die Zutaten mit Handrührgerät mit Rührbesen zunächst kurz auf niedrigster, dann auf höchster Stufe in etwa 2 Minuten zu einem glatten Teig verarbeiten. Cranberries unterheben.

2 Jeweils 2–3 Esslöffel Teig in ein gut erhitztes, gefettetes Waffeleisen füllen, verstreichen und mit je 1 Teelöffel Hagelzucker bestreuen. Die Waffeln goldbraun backen, mit einer Gabel oder einem Pfannenwender herausnehmen und einzeln auf einem Kuchenrost erkalten lassen.

Stollenwaffeln

8 Waffeln

Zum Vorbereiten:
150 g Rosinen
200 ml Apfelsaft

Für den Rührteig:
100 g Butter oder Margarine
75 g Zucker
1 Pck. Dr. Oetker Vanillin Zucker
1 Ei (Größe M)
½ gestr. TL gemahlener Zimt
je 1 Msp. Nelken, Muskatblüte (Macis), Kardamom, gemahlen
½ Pck. Dr. Oetker Finesse Geriebene Zitronenschale
125 g Speisequark (Magerstufe)
200 g Weizenmehl
2 ½ gestr. TL Dr. Oetker Backin
100 g abgezogene, gemahlene Mandeln
je 50 g gewürfeltes Orangeat und Zitronat (Sukkade)

Zum Bestreichen:
50 g Butter

Zum Bestäuben:
30 g Puderzucker

Zubereitungszeit: 45 Minuten, ohne Einweich- und Abkühlzeit

Insgesamt:
E: 66 g, F: 192 g, Kh: 460 g, kJ: 16305, kcal: 3896

1 Zum Vorbereiten Rosinen in eine Schale geben, mit leicht erwärmtem Apfelsaft übergießen und etwa 30 Minuten einweichen.

2 Für den Teig Butter oder Margarine mit Handrührgerät mit Rührbesen auf höchster Stufe geschmeidig rühren. Nach und nach Zucker und Vanillin-Zucker unterrühren. So lange rühren, bis eine gebundene Masse entstanden ist. Ei in etwa ½ Minute unterrühren.

3 Zimt, Nelken, Muskatblüte, Kardamom und Zitronenschale hinzufügen. Quark unterrühren. Mehl mit Backpulver mischen, sieben, abwechselnd mit den Mandeln in 2 Portionen auf mittlerer Stufe unterrühren. Orangeat und Zitronat (nach Belieben klein hacken) unterrühren. Zuletzt Rosinen mit dem Apfelsaft (Einweichflüssigkeit) unterheben.

4 Jeweils 2–3 Esslöffel Teig in ein gut erhitztes, gefettetes Waffeleisen füllen und verstreichen. Die Waffeln goldbraun backen und mit einer Gabel oder Pfannenwender herausnehmen.

5 Die Waffeln sofort nach dem Backen mit Butter bestreichen und mit Puderzucker bestäuben. Die Waffeln einzeln auf einem Kuchenrost erkalten lassen.

Zitronentee-Waffeln

7–8 Waffeln

Zum Vorbereiten:
50 ml Wasser
4 Beutel (je 1,75 g) Grüner Tee Zitrone
175 g Butter oder Margarine

Für den Schüttelteig:
300 g Weizenmehl
125 g Rohrzucker (brauner Zucker)
3 Eier (Größe M)
25 ml Zitronensaft
200 ml Milch oder Sahne

Für den Belag:
einige vorbereitete Zitronen-melisseblättchen

Zubereitungszeit: 40 Minuten, ohne Ziehzeit

Insgesamt:
E: 56 g, F: 205 g, Kh: 345 g, kJ:14627, kcal: 3496

1 Zum Vorbereiten Wasser zum Kochen bringen. Den Tee aus den Teebeuteln nehmen und in das heiße Wasser geben. Butter oder Margarine in einem Topf zerlassen. Den aufgebrühten Tee unterrühren und etwa 10 Minuten ziehen lassen. Teebutter durch ein Sieb in eine Schüssel gießen und abkühlen lassen.

2 Für den Teig Mehl in eine verschließbare Schüssel (3-Liter-Inhalt) sieben, mit Rohrzucker mischen. Eier, Zitronensaft, Milch oder Sahne und die Teebutter hinzufügen. Schüssel mit dem Deckel fest verschließen.

3 Mehrmals (insgesamt 15–30 Sekunden) kräftig schütteln, so dass alle Zutaten gut vermischt sind. Alles mit einem Schneebesen oder Rührlöffel nochmals sorgfältig durchrühren, damit vor allem trockene Zutaten vom Rand mit untergerührt werden.

4 Für den Belag Melisse abspülen und trockentupfen. Die Blättchen von den Stängeln zupfen.

5 Jeweils 2–3 Esslöffel Teig in ein gut erhitztes, gefettetes Waffeleisen füllen und verstreichen. Je 2–3 Melisseblättchen (große Blätter halbieren) auf dem Teig verteilen. Die Waffeln goldbraun backen und mit einer Gabel oder einem Pfannenwender herausnehmen. Waffeln einzeln auf einem Kuchenrost erkalten lassen.

Tipp: *Die Waffeln mit Puderzucker bestäuben und nach Belieben mit angeschlagener Schlagsahne servieren.*

Fanta-Waffeln*

9–10 Waffeln

Für den All-in-Teig:
400 g Weizenmehl
1 Pck. Dr. Oetker Backin
150 g Zucker
4 Eier (Größe M)
150 g Butter oder Margarine
150 ml Fanta (Orangenlimonade)

Zum Bestäuben:
Puderzucker

Zubereitungszeit: 50 Minuten, ohne Abkühlzeit

Insgesamt:
E: 46 g, F: 108 g, Kh: 331 g, kJ: 10465, kcal: 2493

1 Für den Teig Mehl mit Backpulver mischen und in eine Rührschüssel sieben. Zucker, Eier, Butter oder Margarine und Fanta hinzufügen. Die Zutaten mit Handrührgerät mit Rührbesen zunächst kurz auf niedrigster, dann auf höchster Stufe in etwa 2 Minuten zu einem glatten Teig verarbeiten.

2 Den Teig in nicht zu großen Portionen in ein gut erhitztes, gefettetes Waffeleisen füllen und verstreichen. Die Waffeln goldbraun backen, mit einer Gabel oder einem Pfannenwender herausnehmen und einzeln auf einem Kuchenrost erkalten lassen.

3 Die Waffeln vor dem Servieren mit Puderzucker bestäuben.

Tipp: *Die Waffeln schmecken auch warm sehr gut. Anstelle der Orangenlimonade können Sie auch Zitronenlimonade oder Mineralwasser verwenden. Waffeln mit Orangenfilets und geschlagener Sahne servieren. Noch fruchtiger schmecken die Waffeln, wenn Sie zusätzlich 1 Päckchen Dr. Oetker Finesse Orangenfrucht unter den Teig rühren. Knuspriger werden die Waffeln, wenn Sie für den Teig vorher die Butter oder Margarine zerlassen, wieder etwas fest werden lassen und anschließend kurz aufschlagen.*

Abwandlung: *Statt Fanta-Waffeln können Sie auch sehr gut* ***Apfelwaffeln*** *zubereiten. Dafür aus 400 g Weizenmehl, 1 Päckchen Dr. Oetker Backin, 200 g Zucker, etwas gemahlenem Zimt, 150 g Butter oder Margarine, 4 Eiern (Größe M) und 150 ml Milch wie bei den Fantawaffeln beschrieben einen All-in-Teig zubereiten. Zusätzlich 2 Äpfel schälen, halbieren, entkernen, grob raspeln und unter den Teig rühren. Die Waffeln wie unter Punkt 2 beschrieben goldbraun backen und mit Puderzucker bestäuben.*

* Rezept nicht durch Coca-Cola autorisiert.

Fruchtige Ringelwaffeln

7 Waffeln

Für den hellen Teig:
150 g Butter oder Margarine
100 g Zucker
½ Pck. Dr. Oetker Finesse
Geriebene Zitronenschale
3 Eier (Größe M)
250 g Weizenmehl
½ gestr. TL Dr. Oetker Backin
175 ml Apfelsaft

Für den roten Teig:
1 Pck. Rote-Grütze-Pulver

Für die Puddingcreme:
250 ml (½ l) Apfelsaft
20 g Zucker
150 g TK Himbeeren

Zubereitungszeit: 45 Minuten

Insgesamt:
E: 48 g, F: 146 g, Kh: 387 g,
kJ: 12999, kcal: 3105

1 Für den Teig Butter oder Margarine mit Handrührgerät mit Rührbesen auf höchster Stufe geschmeidig rühren. Nach und nach Zucker unterrühren. So lange rühren, bis eine gebundene Masse entstanden ist. Zitronenschale hinzufügen.

2 Eier nach und nach unterrühren (jedes Ei etwa ½ Minute). Mehl mit Backpulver mischen, sieben, abwechselnd mit dem Apfelsaft in 2 Portionen auf mittlerer Stufe unterrühren.

3 Für den roten Teig 2–3 Esslöffel von dem hellen Teig (etwa 125 g) abnehmen. Etwa 20 g Rote-Grütze-Pulver unterrühren. Den roten Teig in ein kleines Pergamentpapiertütchen füllen und eine Spitze abschneiden.

4 Jeweils den roten Teig aus dem Pergamentpapiertütchen in Form einer dünnen Spirale auf den unteren Waffeleisenboden spritzen. Etwa 2 Esslöffel des hellen Teiges darauf geben und vorsichtig verteilen.

5 Die Waffeln goldgelb backen, mit einer Gabel oder einem Pfannenwender herausnehmen und einzeln auf einen Kuchenrost legen.

6 Für die Puddingcreme aus 250 ml (¼ l) Apfelsaft, 20 g Zucker und dem restlichen Rote-Grütze-Pulver einen Pudding nach Packungsanleitung zubereiten. Himbeeren unterheben.

7 Die Waffel mit der Puddingcreme warm oder kalt servieren.

Tipp: *Statt mit TK-Himbeeren kann die Puddingcreme auch mit einer TK-Beerenmischung zubereitet werden.*

Amarettini-Waffeln

7 Waffeln

Für den Rührteig:
150 g Amarettini (italienisches Mandelgebäck)
2 geh. TL (4 g) Instant-Kaffeepulver
125 ml (⅛ l) heißes Wasser
100 g Butter oder Margarine
50 g Zucker
1 Pck. Dr. Oetker Bourbon-Vanille-Zucker
3 Eier (Größe M)
150 g Weizenmehl

Zum Bestreuen:
etwa 40 g Hagelzucker

Zubereitungszeit: 25 Minuten, ohne Abkühlzeit

Insgesamt:
E: 48 g, F: 108 g, Kh: 334 g, kJ: 10471, kcal: 2492

1 Für den Teig Amarettini in einen großen Gefrierbeutel geben und den Beutel verschließen. Amarettini mit einer Teigrolle zerbröseln. Kaffeepulver im heißen Wasser unter Rühren auflösen und erkalten lassen.

2 Butter oder Margarine mit Handrührgerät mit Rührbesen auf höchster Stufe geschmeidig rühren. Nach und nach Zucker und Vanille-Zucker unterrühren. So lange rühren, bis eine gebundene Masse entstanden ist.

3 Eier nach und nach unterrühren (jedes Ei etwa ½ Minute). Mehl sieben und abwechselnd mit den Amarettinibröseln und dem Kaffee in 2 Portionen auf mittlerer Stufe unterrühren.

4 Jeweils etwas Hagelzucker auf den Waffeleisenboden streuen und 2–3 Esslöffel Teig darauf verteilen. Die Waffeln goldbraun backen, mit einer Gabel oder einem Pfannenwender herausnehmen und einzeln auf einem Kuchenrost erkalten lassen.

Tipp: *Dazu Cappuccino oder Latte Macchiato reichen.*

Haferflockenwaffeln mit Aprikosen

8–9 Doppelwaffeln (Brüsseler Waffeleisen)

Zum Vorbereiten:
125 g kernige Haferflocken
125 g Butterschmalz
100 g getrocknete Aprikosen

Für den Teig:
4 Eier (Größe M)
125 g Birnenschmaus
(fruchtiger Brotaufstrich)
100 g gesiebtes Weizenmehl
3 EL Milch

Zubereitungszeit: 45 Minuten, ohne Abkühlzeit

Insgesamt:
E: 62 g, F: 165 g, Kh: 279 g, kJ: 12028, kcal: 2868

1 Zum Vorbereiten Haferflocken in einer Pfanne ohne Fett unter mehrmaligem Wenden rösten und auf einem Teller erkalten lassen. Butterschmalz in einem Topf zerlassen, in eine Rührschüssel geben und erkalten lassen. Aprikosen in kleine Würfel schneiden.

2 Für den Teig das wieder etwas fest gewordene Butterschmalz und Eier mit Handrührgerät mit Rührbesen geschmeidig rühren, Birnenschmaus unterrühren.

3 Mehl mit den gerösteten Haferflocken mischen, abwechselnd mit der Milch in 2 Portionen auf mittlerer Stufe unterrühren. Aprikosenwürfel unterheben.

4 Jeweils 2 Esslöffel Teig in ein gut erhitztes, gefettetes Waffeleisen füllen und verstreichen. Die Waffeln goldbraun backen, mit einer Gabel oder einem Pfannenwender herausnehmen und einzeln auf einem Kuchenrost erkalten lassen.

Tipp: *Die Waffeln mit einer Vanillesauce aus dem Kühlregal servieren.*

Bergische Waffeln

8–10 Waffeln

Für den Rührteig:
125 g Butter oder Margarine
75 g Zucker
1 Pck. Dr. Oetker Vanillin-Zucker
2 Eier (Größe M)
250 g Weizenmehl
½ gestr. TL Dr. Oetker Backin
180 ml Buttermilch
2 EL flüssiger Honig

Zum Bestäuben:
Puderzucker

Zubereitungszeit: 20 Minuten

Insgesamt:
E: 45 g, F: 124 g, Kh: 318 g,
kJ: 10833, kcal: 2589

1 Für den Teig Butter oder Margarine in einer Rührschüssel mit Handrührgerät mit Rührbesen auf höchster Stufe geschmeidig rühren. Nach und nach Zucker und Vanillin-Zucker unterrühren. So lange rühren, bis eine gebundene Masse entstanden ist. Eier nach und nach unterrühren (jedes Ei etwa ½ Minute).

2 Mehl mit Backpulver mischen, sieben, abwechselnd mit der Buttermilch in 2 Portionen auf mittlerer Stufe unterrühren, Honig unterheben.

3 Den Teig in nicht zu großen Portionen in ein gut erhitztes, gefettetes Waffeleisen füllen und verstreichen. Die Waffeln goldbraun backen, mit einer Gabel oder einem Pfannenwender herausnehmen und einzeln auf einen Kuchenrost legen.

4 Die Waffeln mit Puderzucker bestäuben und sofort servieren.

Tipp: *Bergische Waffeln werden traditionell mit Pflaumen oder Sauerkirschen, Milchreis und geschlagener Schlagsahne sowie mit Schwarzbrot serviert.*

Brüsseler Waffeln

6–7 Doppelwaffeln (Brüsseler Waffeleisen)

Für den Teig:
250 g Butter
6 Eier (Größe M)
250 g gesiebtes Weizenmehl
125 g lauwarme Crème fraîche
½ gestr. TL Salz

Zum Bestäuben:
100 g gesiebter Puderzucker
1 Pck. Dr. Oetker Vanillin-Zucker

Zubereitungszeit: 35 Minuten

Insgesamt:
E: 70 g, F: 289 g, Kh: 291 g,
kJ: 17009, kcal: 4069

1 Für den Teig Butter in einer Rührschüssel mit Handrührgerät mit Rührbesen geschmeidig rühren.

2 Eier in einer Schüssel im heißen Wasserbad schaumig schlagen. Abwechselnd die Eierschaummasse und Weizenmehl unter die Butter rühren. Crème fraîche und Salz unterheben.

3 Jeweils 2–3 Esslöffel Teig in ein gut erhitztes, gefettetes Waffeleisen füllen und verstreichen. Die Waffeln goldbraun backen und mit einer Gabel oder einem Pfannenwender herausnehmen. Waffeln einzeln auf einen Kuchenrost legen.

4 Zum Bestäuben Puderzucker mit Vanillin-Zucker mischen. Die Waffeln dick damit bestäuben, heiß oder kalt servieren.

Tipp: *Erdbeer-, Orangen- oder Kirschsauce und Schlagsahne zu den Waffeln reichen.*

Fruchtpüreewaffeln

6 Waffeln

Zum Vorbereiten:
150 g frische Himbeeren
1 kleine Dose Aprikosenhälften
(Abtropfgewicht 130 g)

Für den Rührteig:
100 g Butter oder Margarine
75 g Zucker
2 Eier (Größe M)
150 g Weizenmehl
½ gestr. TL Dr. Oetker Backin
1 Pck. Süße Mahlzeit Grießbrei
Klassische Art

Nach Belieben zum Bestäuben:
etwas Puderzucker

Zubereitungszeit: 35 Minuten, ohne Abkühlzeit

Insgesamt:
E: 36 g, F: 102 g, Kh: 288 g, kJ: 9387, kcal: 2237

1 Zum Vorbereiten Himbeeren verlesen, zerdrücken und passieren. Aprikosenhälften in einem Sieb abtropfen lassen und mit einem Mixstab pürieren.

2 Für den Teig Butter oder Margarine mit Handrührgerät mit Rührbesen auf höchster Stufe geschmeidig rühren. Nach und nach Zucker unterrühren. So lange rühren, bis eine gebundene Masse entstanden ist.

3 Eier nach und nach unterrühren (jedes Ei etwa ½ Minute). Mehl mit Backpulver mischen, sieben und abwechselnd mit dem Grießbreipulver in 2 Portionen auf mittlerer Stufe unterrühren. Den Teig halbieren.

4 Unter eine Teighälfte das Himbeermus, unter die andere Teighälfte das Aprikosenpüree rühren.

5 Je Waffel etwa 2 Esslöffel des Himbeer- und Aprikosenteiges in Klecksen in ein gut erhitztes, gefettetes Waffeleisen geben. Die Waffeln goldbraun backen, mit einer Gabel oder einem Pfannenwender herausnehmen und einzeln auf einem Kuchenrost erkalten lassen.

6 Die Waffeln nach Belieben mit Puderzucker bestäubt servieren.

Tipp: *Waffeln mit Joghurteis servieren.*
Sie können die Waffeln auch mit TK-Himbeeren zubereiten, dann die Himbeeren vorher auftauen lassen. Statt Himbeeren können Sie auch Erdbeeren verwenden, diese dann putzen, waschen, entstielen und pürieren. Sie färben den Teig jedoch nicht so stark wie Himbeeren.

Hefewaffeln mit Zitronenbutter

6 Waffeln

Für den Hefeteig:
220 g Weizenmehl
½ Pck. (21 g) frische Hefe
70 g Zucker
100 ml lauwarme Milch
100 g zerlassene, abgekühlte Butter
1 Pck. Dr. Oetker Vanillin Zucker
1 Prise Salz
2 Eier (Größe M)
125 g Crème double

Zum Bestreuen:
etwa 75 g abgezogene, gestiftelte Mandeln

Zum Bestreichen:
50 g Butter
30 g Zucker
½ Pck. Dr. Oetker Finesse Geriebene Zitronenschale

Zubereitungszeit: 40 Minuten, ohne Teiggehzeit

Insgesamt:
E: 59 g, F: 241 g, Kh: 276 g, kJ: 14755, kcal: 3534

1 Für den Teig Mehl in eine Rührschüssel sieben. In die Mitte eine Vertiefung drücken. Hefe hineinbröckeln, Zucker und etwas Milch hinzufügen. Mit einer Gabel vorsichtig verrühren und etwa 10 Minuten gehen lassen.

2 Butter, restlichen Zucker, Vanillin-Zucker, Salz, Eier, Crème double und restliche Milch hinzufügen. Die Zutaten mit Handrührgerät mit Knethaken zunächst kurz auf niedrigster, dann auf höchster Stufe in etwa 5 Minuten zu einem Teig verarbeiten. Den Teig zugedeckt so lange an einem warmen Ort stehen lassen, bis er sich sichtbar vergrößert hat.

3 Je 1 Esslöffel Mandeln auf den Boden eines gut erhitzten, gefetteten Waffeleisens streuen. Jeweils 2–3 Esslöffel Teig darauf geben und vorsichtig verteilen. Die Waffeln goldbraun backen, mit einer Gabel oder einem Pfannenwender herausnehmen und einzeln auf einen Kuchenrost legen.

4 Zum Bestreichen Butter mit Zucker in einem kleinen Topf zerlassen, Zitronenschale unterrühren. Die Waffeln sofort nach dem Backen mit der Zitronenbutter bestreichen. Die Waffeln warm oder kalt servieren.

Kuhfleckenwaffeln

8 Waffeln

Zum Vorbereiten:
100 g Kuhfleckenschokolade
oder 50 g weiße und
50 g Vollmilchschokolade

Für den Rührteig:
100 g Butter oder Margarine
100 g Zucker
1 Pck. Dr. Oetker Vanillin-Zucker
3 Eier (Größe M)
250 g Weizenmehl
½ gestr. TL Dr. Oetker Backin
200 ml Milch
1 gestr. EL Kakaopulver

Zubereitungszeit: 35 Minuten, ohne Abkühlzeit

Insgesamt:
E: 60 g, F: 146 g, Kh: 353 g, kJ: 12573, kcal: 3005

1 Zum Vorbereiten Schokolade in Stücke brechen, in einem kleinen Topf im Wasserbad bei schwacher Hitze schmelzen. Schokolade abkühlen lassen.

2 Für den Teig Butter oder Margarine mit Handrührgerät mit Rührbesen auf höchster Stufe geschmeidig rühren. Nach und nach Zucker und Vanillin-Zucker unterrühren. So lange rühren, bis eine gebundene Masse entstanden ist.

3 Eier nach und nach unterrühren (jedes Ei etwa ½ Minute). Mehl mit Backpulver mischen, sieben, abwechselnd mit der Milch in 2 Portionen auf mittlerer Stufe unterrühren. Den Teig halbieren.

4 Eine Teighälfte mit der aufgelösten Schokolade und dem Kakao verrühren. Je Waffel 1–2 Esslöffel des hellen und dunklen Teiges in Klecksen in ein gut erhitztes, gefettetes Waffeleisen geben. Die Waffeln goldbraun backen, mit einer Gabel oder einem Pfannenwender herausnehmen und einzeln auf einem Kuchenrost erkalten lassen.

Kartoffelwaffeln mit Dreifrucht

8 Waffeln

Für den Rührteig:
4 Eiweiß (Größe M)
1 Prise Salz
150 g Butter
100 g Puderzucker
4 Eigelb (Größe M)
½ TL gemahlener Zimt
50 g Weizenmehl
½ gestr. TL Dr. Oetker Backin
1 Beutel (100 g) Kartoffelpüree-Pulver

Für die Dreifruchtmasse:
2 Äpfel
1 Birne
250 g Zwetschen
75 g Zucker
75 ml Schlagsahne

Zubereitungszeit: 50 Minuten, ohne Abkühlzeit

Insgesamt:
E: 46 g, F: 180 g, Kh: 344 g, kJ: 13463, kcal: 3218

1 Für den Teig Eiweiß mit Salz steif schlagen. Butter mit Handrührgerät mit Rührbesen auf höchster Stufe geschmeidig rühren. Nach und nach Puderzucker unterrühren. So lange rühren, bis eine gebundene Masse entstanden ist.

2 Eigelb nach und nach unterrühren (jedes Eigelb knapp ½ Minute). Mehl mit Backpulver mischen, sieben, abwechselnd mit dem Kartoffelpüree-Pulver in 2 Portionen auf mittlerer Stufe unterrühren. Eiweiß unterheben.

3 Jeweils 2–3 Esslöffel Teig in ein gut erhitztes, gefettetes Waffeleisen füllen und verstreichen. Die Waffeln goldbraun backen, mit einer Gabel oder einem Pfannenwender herausnehmen und einzeln auf einem Kuchenrost erkalten lassen.

4 Für die Dreifruchtmasse Äpfel waschen, trockentupfen und Birne schälen. Äpfel (mit Schale) und Birne halbieren, vierteln und entkernen. Apfel- und Birnenviertel nochmals durchschneiden. Zwetschen waschen, trockenreiben, halbieren und den Stein herausnehmen. Zwetschenhälften nochmals durchschneiden.

5 Zucker in einem Topf unter Rühren karamellisieren, Apfel- und Birnenstücke hinzugeben, gut verrühren. Sahne und Pflaumenstücke unterrühren. Die Fruchtstücke zum Kochen bringen und etwa 3 Minuten bei mittlerer Hitze kochen lassen. Dreifrucht heiß oder kalt zu den Waffeln reichen.

Schoko-Zimt-Waffeln

20 Waffeln (Eiserkucheneisen)

Für den Teig:
65 g Butter oder Margarine
100 g Zucker
1 Pck. Dr. Oetker Vanillin-Zucker
1 Ei (Größe M)
25 g geriebene Blockschokolade
125 g Weizenmehl
1 Msp. Dr. Oetker Backin
1–2 EL gemahlener Zimt

Zubereitungszeit: 30 Minuten, ohne Abkühlzeit

Insgesamt:
E: 22 g, F: 70 g, Kh: 218 g, kJ: 6702, kcal: 1601

1 Für den Teig Butter oder Margarine mit Handrührgerät mit Rührbesen auf höchster Stufe geschmeidig rühren. Nach und nach Zucker und Vanillin-Zucker unterrühren. So lange rühren, bis eine gebundene Masse entstanden ist. Ei in etwa ½ Minute unterrühren, Schokolade hinzufügen.

2 Mehl mit Backpulver und Zimt mischen, sieben. Die Hälfte davon auf mittlerer Stufe unterrühren. Restliches Mehlgemisch mit Handrührgerät mit Knethaken unterarbeiten. Den Teig so lange kalt stellen, bis er fest geworden ist.

3 Den Teig zu walnussgroßen Kugeln formen. Jeweils 1 Teigkugel in ein gut erhitztes, evtl. leicht gefettetes Eiserkucheneisen geben und etwas flach drücken.

4 Die Waffeln goldbraun backen, dabei das Eisen in den ersten Sekunden gut zusammendrücken. Die Waffeln mit einer Gabel oder einem Pfannenwender herausnehmen und einzeln auf einem Kuchenrost erkalten lassen.

Tipp: *Die Waffeln sofort nach dem Backen zu Tütchen oder Rollen formen. Die Enden der Rollen evtl. in aufgelöste Kuvertüre tunken, Kuvertüre fest werden lassen. Die Waffeln in einer gut schließenden Dose aufbewahren, so bleiben sie 2–3 Wochen frisch. Die Tütchen oder Rollen nach Belieben mit Sahne und/oder Früchten füllen.*

Russisch-Brot-Waffeln

7 Waffeln

Für den All-in-Teig:
2 Pck. (je 100 g) ABC Russisch Brot
100 g Weizenmehl
50 g Zucker
4 Eier (Größe M)
125 g Butter oder Margarine
125 ml (⅛ l) Schlagsahne

Für den Guss:
50 g Vollmilch-Schokolade
oder -Kuvertüre

Zubereitungszeit: 35 Minuten, ohne Abkühlzeit

Insgesamt:
E: 63 g, F: 190 g, Kh: 319 g, kJ: 13674, kcal: 3267

1 Für den Teig Russisch Brot (7 Buchstaben beiseite legen) in einen Gefrierbeutel geben, Beutel verschließen. Das Gebäck mit einer Teigrolle zerbröseln.

2 Mehl in eine Rührschüssel sieben. Gebäckbrösel, Zucker, Eier, Butter oder Margarine und Sahne hinzufügen. Die Zutaten mit Handrührgerät mit Rührbesen zunächst kurz auf niedrigster, dann auf höchster Stufe in etwa 2 Minuten zu einem Teig verarbeiten.

3 Jeweils 2–3 Esslöffel Teig in ein gut erhitztes, leicht gefettetes Waffeleisen füllen und verstreichen. Die Waffeln goldbraun backen, mit einer Gabel oder einem Pfannenwender herausnehmen und einzeln auf einem Kuchenrost erkalten lassen.

4 Für den Guss Schokolade oder Kuvertüre in kleine Stücke hacken, in einem kleinen Topf im Wasserbad bei schwacher Hitze schmelzen. Je einen Teelöffel der Schokoladenmasse auf die Waffeln geben. Die beiseite gelegten Buchstaben jeweils auf die Schokoladenmasse legen und leicht andrücken. Guss fest werden lassen.

Pikante Waffeln

Diese Waffeln werden für viele eine Neuentdeckung sein. Doch einmal probiert, erfreuen sie sich bald großer Beliebtheit.

Ciabatta-Waffeln

12 Doppelwaffeln (Brüsseler Waffeleisen)

Für den Teig:
1 Pck. (400 g) Backmischung Bauernkruste (mit Hefe und Sauerteig)
500 ml (½ l) lauwarmes Wasser
100 g getrocknete Tomaten
100 g grüne und schwarze Oliven, ohne Stein
200 ml lauwarme Milch
2 Knoblauchzehen
1 kleines Bund Thymian

Zubereitungszeit: 50 Minuten, ohne Teiggehzeit

Insgesamt:
E: 71 g, F: 42 g, Kh: 321 g, kJ: 8323, kcal: 1985

1 Für den Teig die Backmischung mit Wasser nach Packungsanleitung zubereiten und zugedeckt etwa 30 Minuten stehen lassen.

2 Tomaten und Oliven in kleine Würfel schneiden (jeweils ¼ der Tomaten- und Olivenwürfel beiseite legen) und unter den gegangenen Teig arbeiten. Milch unterrühren (damit der Teig etwas flüssiger wird). Knoblauch abziehen und fein hacken. Thymian abspülen und trockentupfen. Die Blättchen von den Stängeln zupfen. Blättchen fein hacken. Knoblauch und Thymian (etwa ¼ der Kräuter beiseite legen) unter den Teig rühren.

3 Jeweils 1 Teelöffel der beiseite gelegten Tomaten-, Olivenwürfel und Kräuter auf den Boden eines gut erhitzten, gefetteten Waffeleisens streuen. 2–3 Esslöffel Teig darauf geben und vorsichtig verstreichen. Die Waffeln goldbraun backen, mit einer Gabel oder einem Pfannenwender herausnehmen und einzeln auf einen Kuchenrost legen. Waffeln sofort servieren.

Tipp: *Die Ciabatta-Waffeln mit einem Kräuterquark- oder Paprikaquark-Dip servieren. Ciabatta-Waffeln mit Knoblauchbutter als Appetitanreger vor dem Essen reichen.*

Kartoffelwaffeln

24 Waffeln

Für den Teig:
325 g Butter oder Margarine
200 g Weizenmehl
2 gestr. TL Dr. Oetker Backin
2 gestr. TL Salz
750 ml (¾ l) Milch
8 Eier (Größe M)
2 Pck. Kartoffelpüreepulver (für je 3 Portionen bzw. je 500 ml [½ l] Wasser)
frisch gemahlener Pfeffer
frisch geriebene Muskatnuss

2 Pck. (je 250 g) Fleischsalat als Beilage

Zubereitungszeit: 45 Minuten, ohne Abkühlzeit

Insgesamt:
E: 119 g, F: 499 g, Kh: 208 g, kJ: 24685, kcal: 5889

1 Für den Teig Butter oder Margarine zerlassen und etwas abkühlen lassen.

2 Mehl mit Backpulver mischen und in eine Rührschüssel sieben. Salz, Milch, Eier und die etwas abgekühlte Butter oder Margarine hinzufügen. Die Zutaten mit Handrührgerät mit Rührbesen zunächst kurz auf niedrigster, dann auf höchster Stufe zu einem glatten Teig verarbeiten. Püreepulver unterrühren. Mit Pfeffer und Muskat würzen.

3 Den Teig in nicht zu großen Portionen in ein gut erhitztes, gefettetes Waffeleisen füllen und verstreichen. Die Waffeln goldbraun backen, mit einer Gabel oder einem Pfannenwender herausnehmen und einzeln auf einen Kuchenrost legen. Die fertigen Waffeln auf einem Backblech bei Ober-/Unterhitze, bei etwa 80 °C warm halten.

4 Die Waffeln als Snack warm oder lauwarm mit dem Fleischsalat servieren.

Abwandlung: *Anstelle des Fleischsalates können Sie auch eine Kräutercreme oder einen Champignonquark zu den Kartoffelwaffeln servieren.* ***Für die Kräutercreme:*** *2 Becher (je 125 g) Crème fraîche mit frischen Kräutern und 300 g Naturjoghurt verrühren, mit Salz und Pfeffer abschmecken, 4 Esslöffel Schnittlauchröllchen unterrühren.* ***Für den Champignonquark:*** *2 Päckchen (je 250 g) Champignonquark mit 8–10 Esslöffeln Schlagsahne glatt rühren. 2 Frühlingszwiebeln putzen, waschen, abtropfen lassen und in Ringe schneiden. 1 Bund Schnittlauch abspülen, trockentupfen und in Röllchen schneiden. Frühlingszwiebelringe und Schnittlauchröllchen unter den Quark rühren, evtl. mit Salz und Pfeffer abschmecken.*

Tipp: *Servieren Sie die Kartoffelwaffeln auch einmal mit Crème fraîche und Räucherlachs.*

Pikante Waffeln

Käse-Feigen-Waffeln

14 Waffeln

Für den Teig:
500 g Weizenmehl
1 Pck. Dr. Oetker Backin
3 Eier (Größe M)
600 ml Milch
Salz
frisch gemahlener Pfeffer
1 Pck. Mozzarella (Abtropfgewicht 400 g)
200 g getrocknete Feigen
(im Reformhaus erhältlich)

250–300 g magerer roher Schinken,
z. B. Lachsschinken, Parmaschinken

Nach Belieben zum Garnieren:
frische Feigen, in Scheiben geschnitten
einige frische Kräuter, z. B. Petersilie,
Kerbel oder Dill

Zubereitungszeit: 40 Minuten, ohne Quellzeit

Insgesamt:
E: 226 g, F: 141 g, Kh: 502 g, kJ: 17939, kcal: 4288

1 Für den Teig Mehl mit Backpulver mischen und in eine Rührschüssel sieben. Eier und Milch hinzufügen. Die Zutaten mit Handrührgerät mit Rührbesen zu einem glatten Teig verrühren. Mit Salz und Pfeffer würzen. Den Teig etwa 10 Minuten quellen lassen.

2 Mozzarella in einem Sieb abtropfen lassen. Mozzarella und Feigen in kleine Würfel schneiden und unter den Teig heben.

3 Jeweils 2–3 Esslöffel Teig in ein gut erhitztes, gefettetes Waffeleisen füllen und gut verstreichen. Die Waffeln goldbraun backen, mit einer Gabel oder einem Pfannenwender herausnehmen und einzeln auf einen Kuchenrost legen.

4 Die warmen Waffeln mit Schinken auf einem großen Teller anrichten. Nach Belieben mit Feigenscheiben und Kräutern garnieren. Waffeln sofort servieren.

Tipp: *Die Waffeln mit einer Cumberland-Sauce oder mit einem frischen Salat servieren.*
Für die Cumberland-Sauce: *250 g rote Johannisbeeren waschen, entstielen, leicht zerdrücken und mit 6 Esslöffeln Gelierzucker bestreuen. Je 1 Bio-Zitrone und -Orange heiß waschen und ein 5 cm langes Stück von der Schale abschneiden. Schale jeweils in sehr feine Streifen schneiden. Früchte auspressen. Eine gewürfelte Zwiebel in 15 g zerlassener Butter andünsten. Johannisbeeren und den ausgepressten Saft unterrühren. 1 Teelöffel Senfkörner und 3 Pfefferkörner hinzufügen. Mit 1 Messerspitze gemahlenem Ingwer, 1 Esslöffel Worcestersauce, Salz und Cayennepfeffer würzen. Die Zutaten zum Kochen bringen und 5 Minuten kochen lassen. Sauce erkalten lassen und mit Zitronen- und Orangenstreifen bestreuen.*

Sesamwaffeln mit Frühlingssalat

10 Waffeln

Zum Vorbereiten:
170 g Butter oder Margarine

Für den Frühlingssalat:
4 EL Apfelessig
Salz, frisch gemahlener Pfeffer
4 EL Speiseöl
1 Bund Frühlingszwiebeln
2 Gläser Stangenspargel
(Abtropfgewicht je 205 g)
200 g geräucherter Putenbrust-Aufschnitt

Für den Rührteig:
1 gestr. TL Salz
4 Eier (Größe M)
200 g Weizenmehl
1 gestr. TL Dr. Oetker Backin
etwa 250 ml (¼ l) Milch
100 g Sesamsamen

Zum Bestreuen:
50 g Sesamsamen

Nach Belieben:
1 Pck. (200 g) Meerrettichquark

Zubereitungszeit: 50 Minuten, ohne Kühlzeit

Insgesamt:
E: 131 g, F: 303 g, Kh: 193 g, kJ: 17023, kcal: 4072

1 Zum Vorbereiten Butter oder Margarine in einem Topf zerlassen, in eine Rührschüssel geben, kalt stellen und wieder fest werden lassen.

2 Für den Salat Essig mit Salz und Pfeffer gut verrühren. Speiseöl unterschlagen. Frühlingszwiebeln putzen, waschen, abtropfen lassen und in dünne Ringe schneiden. Spargel in einem Sieb gut abtropfen lassen und in Stücke schneiden. Putenbrust-Aufschnitt in Streifen schneiden. Zwiebelringe, Spargelstücke und Putenbruststreifen in eine Schüssel geben, die Salatsauce hinzufügen und gut untermengen.

3 Für den Teig die wieder etwas fest gewordene Butter oder Margarine mit Handrührgerät mit Rührbesen auf höchster Stufe geschmeidig rühren. Salz hinzufügen. Eier nach und nach unterrühren (jedes Ei etwa ½ Minute). Mehl mit Backpulver mischen, sieben, abwechselnd mit der Milch in 2 Portionen auf mittlerer Stufe unterrühren (nur so viel Milch verwenden, dass der Teig schwer reißend vom Löffel fällt). Zuletzt Sesam kurz unterrühren.

4 Den Teig in nicht zu großen Portionen in ein gut erhitztes, gefettetes Waffeleisen füllen und verstreichen. Die Waffeln goldbraun backen, mit einer Gabel oder einem Pfannenwender herausnehmen und einzeln auf einen Kuchenrost legen.

5 Die warmen Waffeln mit dem Frühlingssalat sofort servieren. Nach Belieben Meerrettichquark zu den Waffeln reichen.

Polentawaffeln mit gebratenen Pfifferlingen

10 Waffeln

Für den Teig:
1 l Milch
140 g Weichweizengrieß (Polenta)
200 ml Schlagsahne
4 Eigelb (Größe M)
4 Eiweiß (Größe M)
Salz
frisch gemahlener Pfeffer
frisch geriebene Muskatnuss
50 g frisch geriebener Parmesan-Käse

Für die gebratenen Pfifferlinge:
300 g frische Pfifferlinge
100 g Butter
1 kleines Bund Thymian

Zubereitungszeit: 55 Minuten, ohne Abkühlzeit

Insgesamt:
E: 79 g, F: 207 g, Kh: 145 g, kJ: 12071, kcal: 2887

1 Für den Teig Milch in einem Topf zum Kochen bringen. Grieß unter Rühren einstreuen, zum Kochen bringen und 1–2 Minuten unter Rühren kochen lassen. Den Topf von der Kochstelle nehmen, Grießmasse etwa 5 Minuten abkühlen lassen.

2 Sahne und Eigelb unter die Grießmasse rühren. Eiweiß steif schlagen und unterheben. Mit Salz, Pfeffer und Muskat würzen, Käse unterrühren.

3 Für die gebratenen Pfifferlinge Pfifferlinge putzen, mit einem trockenen Pinsel reinigen (Pfifferlinge nach Möglichkeit nicht waschen, da sie stark am Geschmack verlieren).

4 Butter in einer Pfanne zerlassen. Pfifferlinge unter mehrmaligem Wenden darin anbraten. Thymian abspülen und trockentupfen. Die Blättchen von den Stängeln zupfen. Thymianblättchen unter die Pilzmasse rühren. Mit Salz und Pfeffer würzen.

5 Den Waffelteig in nicht zu großen Portionen in ein gut erhitztes, gefettetes Waffeleisen füllen und verstreichen. Die Waffeln goldbraun backen, mit einer Gabel oder einem Pfannenwender herausnehmen und einzeln auf einen Kuchenrost legen.

6 Die warmen Waffeln anrichten und mit den gebratenen Pfifferlingen sofort servieren.

Tipp: *Servieren Sie die Waffeln mit kleinen gebratenen Geflügelmedaillons, z. B. aus Hähnchenbrustfilets.*

9/14: Menge passt für uns 4
schmeckt allen
statt Feta Hüttenkäse
" Pepperoni Paprika + Möhrensticks

Tomatenwaffeln

12 Waffeln

Für den Teig:
100 g in Öl eingelegte, getrocknete Tomaten (aus dem Glas)
300 g Weizenmehl (Type 550)
1 gestr. TL Dr. Oetker Backin
1 gestr. TL Salz
1 Knoblauchzehe
250 ml (¼ l) Milch
4 Eier (Größe M)
8 EL Tomatenöl (aus dem Glas)

Für die Beilage:
250 g Schafkäse
1 kleine Salatgurke
1–2 Peperoni

Zubereitungszeit: 30 Minuten

Insgesamt:
E: 120 g, F: 174 g, Kh: 259 g, kJ: 13080, kcal: 3122

1 Für den Teig Tomaten abtropfen lassen, das Öl dabei auffangen. Tomaten in kleine Würfel schneiden.

2 Mehl mit Backpulver mischen und in eine Rührschüssel sieben. Salz hinzufügen. Knoblauch abziehen, durch eine Knoblauchpresse drücken und zum Mehlgemisch geben. Milch, Eier und aufgefangenes Öl nach und nach mit Handrührgerät mit Rührbesen auf mittlerer Stufe unterrühren. Tomatenwürfel unterheben.

3 Den Teig in nicht zu großen Portionen in ein gut erhitztes, gefettetes Waffeleisen füllen und verstreichen. Die Waffeln goldbraun backen, mit einer Gabel oder einem Pfannenwender herausnehmen und einzeln auf einen Kuchenrost legen.

4 Für die Beilage Schafkäse in Würfel schneiden. Gurke waschen, abtrocknen und die Enden abschneiden. Gurke in Scheiben schneiden.

5 Die Waffeln auf einer großen Platte mit Schafkäsewürfeln und Gurkenscheiben anrichten, mit Peperoni garniert sofort servieren.

Röstiwaffeln mit gebratenem Speck

14–16 Doppelwaffeln (Brüsseler Waffeleisen)

Zum Vorbereiten:
600 g fest kochende Kartoffeln

Für den Salat:
600 g gemischte Blattsalate
3 EL Weißweinessig
etwas mittelscharfer Senf
6 EL Speiseöl
Salz
frisch gemahlener Pfeffer
Knoblauchpulver

Für den Teig:
1 Pck. (750 g) Kartoffelpufferteig (Fertigprodukt, erhältlich im Supermarkt)
4 Eier (Größe M)
40 g gesiebte Speisestärke
Salz
frisch gemahlener Pfeffer

24 dünne Scheiben Frühstücksspeck (etwa 360 g)

Zubereitungszeit: 80 Minuten, ohne Abkühlzeit

Insgesamt:
E: 121 g, F: 119 g, Kh: 296 g, kJ: 11462, kcal: 2737

1 Zum Vorbereiten Kartoffeln waschen, schälen, abspülen, mit Salzwasser bedeckt zum Kochen bringen und zugedeckt etwa 20 Minuten garen (nicht zu weich kochen lassen). Kartoffeln abgießen, abdämpfen und erkalten lassen.

2 Für den Salat Salate putzen, waschen und in einem Sieb gut abtropfen lassen. Essig mit Senf verrühren, Speiseöl unterschlagen. Mit Salz, Pfeffer und Knoblauch abschmecken.

3 Für den Teig vorbereitete Kartoffeln auf einer Haushaltsreibe grob reiben und mit dem Kartoffelpufferteig vermengen. Eier und Speisestärke unterrühren. Mit Salz und Pfeffer würzen.

4 Jeweils 2–3 Esslöffel Teig in ein gut erhitztes, gefettetes Waffeleisen füllen und gut verstreichen. Die Waffeln goldbraun backen, mit einer Gabel oder einem Pfannenwender herausnehmen und einzeln auf einen Kuchenrost legen.

5 Die Speckscheiben in einer großen Pfanne kross ausbraten. Salat mit dem Dressing mischen.

6 Die warmen Waffeln mit den Speckscheiben belegen und mit dem Salat sofort servieren.

Kürbiswaffeln

7 Waffeln

Für den Schüttelteig:
75 g Maismehl
75 g gesiebtes Weizenmehl
½ Pck. Dr. Oetker Backin
50 g Farinzucker (brauner Zucker)
1 Prise Salz
2 Eier (Größe M)
1 EL Zitronensaft
50 ml Kürbiskernöl
75 g Naturjoghurt
150 ml Buttermilch
100 g geraspeltes, frisches Kürbisfleisch

Zubereitungszeit: 35 Minuten, ohne Abkühlzeit

Insgesamt:
E: 36 g, F: 72 g, Kh: 168 g, kJ: 6194, kcal: 1480

1 Für den Teig Maismehl mit Weizenmehl und Backpulver in eine verschließbare Schüssel (3-Liter-Inhalt) geben, mit Zucker und Salz mischen. Eier, Zitronensaft, Kürbiskernöl, Joghurt und Buttermilch hinzufügen. Schüssel mit dem Deckel fest verschließen.

2 Mehrmals (insgesamt 15–30 Sekunden) kräftig schütteln, so dass alle Zutaten gut vermischt sind. Kürbisraspel hinzugeben. Alles mit einem Schneebesen oder Rührlöffel nochmals sorgfältig durchrühren, damit vor allem trockene Zutaten vom Rand mit untergerührt werden.

3 Den Teig in nicht zu großen Portionen in ein gut erhitztes, gefettetes Waffeleisen füllen und verstreichen. Die Waffeln goldbraun backen, mit einer Gabel oder einem Pfannenwender herausnehmen und einzeln auf einem Kuchenrost erkalten lassen.

Abwandlung: ***Für Kürbismuffins** aus den angegebenen Zutaten einen Schüttelteig zubereiten und 12 Muffins backen. Dafür den Teig in eine Muffinform (für 12 Muffins, gefettet, gemehlt) geben und im vorgeheizten Backofen bei Ober-/Unterhitze: etwa 180 °C, Heißluft: etwa 160 °C, Gas: Stufe 2–3 etwa 25 Minuten backen.*

Tipp: *Die Waffeln mit einer pikanten Beilage, z. B. einem Chutney (eine Art pikante Konfitüre, die zu Fondue und Grillfleisch gereicht wird) servieren.*

Rote-Bete-Waffeln

10–12 Doppelwaffeln (Brüsseler Waffeleisen)

Für den Teig:
1 kleines Glas Rote Bete (Kugeln oder Scheiben, Abtropfgewicht 330 g)
1 Pck. (750 g) Kartoffelteig (Fertigprodukt aus dem Kühlregal, z. B. Kloßteig für rohe Klöße)
50 g Speisestärke
3 Eier (Größe M)
125 ml (⅛ l) Milch
Salz
frisch gemahlener Pfeffer
frisch gemahlene Muskatnuss

Außerdem:
6 Matjesfilets (480–500 g)
1 rote Zwiebel
Petersilie

Zubereitungszeit: 30 Minuten

Insgesamt:
E: 133 g, F: 105 g, Kh: 259 g, kJ: 10511, kcal: 2507

1 Für den Teig Rote Bete in einem Sieb abtropfen lassen, in einen hohen Rührbecher geben und mit einem Mixstab pürieren.

2 Kartoffelteig in eine Rührschüssel geben. Speisestärke, Eier, Rote-Bete-Püree und Milch hinzufügen. Die Zutaten mit einem Schneebesen zu einem glatten Teig verrühren. Den Teig mit Salz, Pfeffer und Muskat pikant würzen.

3 Matjesfilets in Stücke schneiden. Zwiebel abziehen, zuerst in Scheiben schneiden, dann in Ringe teilen. Petersilie abspülen und trockentupfen. Die Blättchen von den Stängeln zupfen.

4 Den Waffelteig in nicht zu großen Portionen in ein gut erhitztes, gefettetes Waffeleisen füllen und verstreichen. Die Waffeln bei mittlerer Temperatureinstellung fertig backen, mit einer Gabel oder einem Pfannenwender herausnehmen und einzeln auf einen Kuchenrost legen.

5 Die warmen Waffeln mit den Matjesstücken anrichten, mit Zwiebelringen und Petersilie garnieren.

Tipp: *Jeweils einen Klecks Kräuter-Crème-fraîche auf die Waffeln geben und etwas Forellenkaviar oder Seehasenrogen darauf verteilen. Falls der Teig zu fest ist, zusätzlich etwas Rote-Bete-Saft unterrühren. Die Waffeln mit Rote-Bete-Scheiben und Schnittlauchhalmen garnieren.*

Sauerkrautwaffeln

14 Doppelwaffeln (Brüsseler Waffeleisen)

Für den Teig:
1 Pck. (750 g) Kartoffelteig
(Fertigprodukt aus dem Kühlregal,
z. B. Kloßteig für rohe Klöße)
3 Eier (Größe M)
50 g gesiebte Speisestärke
1 große Dose Sauerkraut
(Abtropfgewicht 500 g)
Salz
frisch gemahlener Pfeffer
Paprikapulver edelsüß

Außerdem:
2 Becher (je 100 g) Schmand (Sauerrahm)
oder 200 g Crème fraîche

Nach Belieben:
gemischte Kräuter
1 Knoblauchzehe, in Würfel geschnitten

Zubereitungszeit: 30 Minuten

Insgesamt:
E: 50 g, F: 76 g, Kh: 225 g,
kJ: 7602, kcal: 1807

1 Für den Teig Kartoffelteig in eine Rührschüssel geben, Eier und Speisestärke unterrühren.

2 Sauerkraut in einem Sieb gut abtropfen lassen und mit einem Messer grob zerschneiden. Sauerkraut unter die Kartoffel-Eier-Masse rühren. Mit Salz, Pfeffer und Paprika pikant würzen.

3 Jeweils 2–3 Esslöffel Teig in ein gut erhitztes, gefettetes Waffeleisen füllen und gut verstreichen. Die Waffeln goldbraun backen, mit einer Gabel oder einem Pfannenwender herausnehmen und einzeln auf einen Kuchenrost legen.

4 Schmand oder Crème fraîche in eine kleine Schüssel geben, mit Salz und Pfeffer verrühren. Nach Belieben gemischte Kräuter und Knoblauchwürfel unterrühren.

5 Die warmen Waffeln mit Schmand oder Crème fraîche servieren.

Würzige Speckwaffeln

14 Waffeln

Für den Teig:
300 g Roggenmehl (Type 1150)
4 Eier (Größe M)
800 ml Milch
200 g magerer, durchwachsener Speck
1 Zwiebel (etwa 100 g)
1 Bund Petersilie
1 Bund Majoran
Salz
frisch gemahlener Pfeffer

Außerdem:
2 Bund Brunnenkresse (etwa 300 g)
2 Kästchen Gartenkresse (etwa 100 g)
1 rote Zwiebel (etwa 100 g)
1 Becher (150 g) Naturjoghurt

Zubereitungszeit: 55 Minuten, ohne Quell- und Abkühlzeit

Insgesamt:
E: 125 g, F: 78 g, Kh: 261 g, kJ: 9949, kcal: 2379

1 Für den Teig Mehl in eine Rührschüssel geben. Eier und Milch nach und nach hinzufügen. Die Zutaten mit Handrührgerät mit Rührbesen zu einem glatten Teig verarbeiten.

2 Speck in kleine Würfel schneiden. Zwiebel abziehen und ebenfalls klein würfeln. Petersilie und Majoran abspülen, trockentupfen. Die Blättchen von den Stängeln zupfen, Blättchen grob hacken.

3 Speckwürfel in einer Pfanne unter mehrmaligem Wenden anbraten, Zwiebelwürfel mit andünsten. Speck-Zwiebel-Masse etwas abkühlen lassen und unter den Teig rühren, Petersilie und Majoran hinzufügen. Mit Salz und Pfeffer würzen. Den Teig etwa 10 Minuten quellen lassen.

4 Brunnenkresse verlesen und in kleine Stücke zupfen. Gartenkresse abschneiden. Brunnen- und Gartenkresse in ein Sieb geben, mit kaltem Wasser abspülen, gut abtropfen lassen und trockentupfen. Zwiebel abziehen, zuerst in Scheiben schneiden, dann in Ringe teilen.

5 Jeweils 2–3 Esslöffel Teig in ein gut erhitztes, gefettetes Waffeleisen füllen und gut verstreichen. Die Waffeln goldbraun backen, mit einer Gabel oder einem Pfannenwender herausnehmen und einzeln auf einen Kuchenrost legen.

6 Die warmen Waffeln mit Kresse, Zwiebelringen und Joghurtklecksen garnieren. Waffeln sofort servieren.

Kartoffelwaffeln mit Dinkel

12 Waffeln

Für den Teig:
200 g Dinkel, fein gemahlen
4 Eier (Größe M)
½ Pck. (21 g) frische Hefe
600 g Kartoffeln
2 Zwiebeln
2 EL Distelöl
2 EL Crème fraîche
2 EL Leinsamen
70 g fein geraspelter Parmesan-Käse
Salz
frisch gemahlener Pfeffer
gerebelter Majoran

Zubereitungszeit: 50 Minuten, ohne Teiggehzeit

Insgesamt:
E: 108 g, F: 100 g, Kh: 200 g, kJ: 8994, kcal: 2150

1 Für den Teig Dinkelmehl mit Eiern und Hefe in einer Rührschüssel gut verrühren und zugedeckt an einem warmen Ort etwa 15 Minuten gehen lassen.

2 Kartoffeln waschen, schälen, abspülen und auf einer Haushaltsreibe grob raspeln. Zwiebeln abziehen und in kleine Würfel schneiden. Kartoffelraspel und Zwiebelwürfel zum Hefeteig geben und gut unterrühren. Distelöl, Crème fraîche, Leinsamen und Käseraspel unterheben. Mit Salz, Pfeffer und Majoran würzen.

3 Den Teig in nicht zu großen Portionen in ein gut erhitztes, gefettetes Waffeleisen füllen und verstreichen. Die Waffeln goldbraun backen, mit einer Gabel oder einem Pfannenwender herausnehmen und einzeln auf einem Kuchenrost erkalten lassen.

Tipp: *Mit Kräuterquark, kalter Tomaten- oder Joghurt-Minze-Sauce servieren.*

Deftige Laugenwaffeln

14–16 Waffeln

Für den Teig:
250 g Weizenmehl
150 g Roggenmehl (Type 1150)
4 Eier (Größe M)
600 ml Milch
100 ml Tomatensaft
3 reife Fleischtomaten (etwa 450 g)
1 Topf Basilikum
Salz
frisch gemahlener Pfeffer

Außerdem:
1 Becher (200 g) Crème fraîche

Zubereitungszeit: 45 Minuten, ohne Quellzeit

Insgesamt:
E: 93 g, F: 112 g, Kh: 323 g, kJ: 11530, kcal: 2764

1 Für den Teig Weizenmehl in eine Rührschüssel sieben, mit Roggenmehl mischen. Eier, Milch und Tomatensaft hinzufügen. Die Zutaten mit Handrührgerät mit Rührbesen zunächst kurz auf niedrigster, dann auf höchster Stufe zu einem glatten Teig verarbeiten.

2 Tomaten waschen, trockentupfen, vierteln, entkernen und die Stängelansätze herausschneiden. Tomatenviertel in kleine Würfel schneiden.

3 Basilikum abspülen und trockentupfen. Die Blättchen von den Stängeln zupfen. Einige Blättchen zum Garnieren beiseite legen.

4 Tomatenwürfel und Basilikumblättchen unter den Teig heben. Mit Salz und Pfeffer würzen. Den Teig etwa 10 Minuten quellen lassen.

5 Jeweils 2–3 Esslöffel Teig in ein gut erhitztes, gefettetes Waffeleisen füllen und verstreichen. Die Waffeln goldbraun backen, mit einer Gabel oder einem Pfannenwender herausnehmen und einzeln auf einen Kuchenrost legen.

6 Die warmen Waffeln mit Crème fraîche und den beiseite gelegten Basilikumblättchen garnieren oder Crème fraîche dazu reichen.

9/13: gut
Hälfte hätte für uns 3 ausgereicht

Rosmarinwaffeln

8–10 Waffeln

Für den All-in-Teig:
200 g Vollkorn-Weizenmehl
1 gestr. TL Dr. Oetker Backin
1 gestr. TL Salz
2 TL gerebelter Rosmarin
frisch geriebene Muskatnuss
250 ml (¼ l) helles Bier
3 Eier (Größe M)
4 EL Olivenöl
5 EL Raps- oder Sonnenblumenöl

Für die Beilage:
200 g Aioli (Knoblauchmayonnaise)
200 g Roastbeef-Aufschnitt

Kerbelblättchen

Zubereitungszeit: 20 Minuten

Insgesamt:
E: 111 g, F: 267 g, Kh: 134 g,
kJ: 14323, kcal: 3420

1 Für den Teig Mehl mit Backpulver mischen und in eine Rührschüssel geben. Salz, Rosmarin, Muskat, Bier, Eier, Olivenöl und Raps- oder Sonnenblumenöl hinzufügen. Die Zutaten mit Handrührgerät mit Rührbesen zunächst kurz auf niedrigster, dann auf höchster Stufe in etwa 2 Minuten zu einem glatten Teig verarbeiten.

2 Den Teig in nicht zu großen Portionen in ein gut erhitztes, gefettetes Waffeleisen füllen und verstreichen. Die Waffeln goldbraun backen, mit einer Gabel oder einem Pfannenwender herausnehmen und einzeln auf einen Kuchenrost legen.

3 Die Waffeln mit Aioli und Roastbeef-Aufschnitt anrichten und mit Kerbelblättchen garnieren.

Tipp: *Waffeln in Herzen teilen und im Toaster kurz aufbacken, damit sie wieder knusprig werden.*

Cabanossi-Waffeln

5 Waffeln

Für den Hefeteig:
200 g Weizenmehl
1 Pck. Dr. Oetker Trockenbackhefe
1 Prise Salz
3 Eier (Größe M)
60 g zerlassene, abgekühlte Butter
200 ml lauwarme Milch
2 cl Sherry

200 g Cabanossi (Knoblauchwurst)
200 g Gorgonzola (Blauschimmelkäse)

frische Kräuter zum Garnieren

Zubereitungszeit: 50 Minuten, ohne Teiggehzeit

Insgesamt:
E: 116 g, F: 202 g, Kh: 154 g, kJ: 12283, kcal: 2934

1 Für den Teig Mehl in eine Rührschüssel sieben, mit Trockenbackhefe sorgfältig vermischen. Salz, Eier, Butter, Milch und Sherry hinzufügen.

2 Die Zutaten mit Handrührgerät mit Knethaken zunächst kurz auf niedrigster, dann auf höchster Stufe in etwa 5 Minuten zu einem glatten Teig verarbeiten. Den Teig zugedeckt so lange an einem warmen Ort stehen lassen, bis er sich sichtbar vergrößert hat.

3 Cabanossi und Gorgonzola in Scheiben schneiden. Kräuter abspülen und trockentupfen. Die Blättchen von den Stängeln zupfen.

4 Jeweils einige Cabanossischeiben in ein gut erhitztes, gefettetes Waffeleisen legen. Je 2–3 Esslöffel des Hefeteiges darauf verteilen und etwas flach streichen. Die Waffeln goldbraun backen, mit einer Gabel oder einem Pfannenwender herausnehmen und auf Tellern anrichten.

5 Die Waffeln mit je 1 Scheibe Gorgonzola belegen und mit Kräutern garniert sofort servieren.

Tipp: *Die mit Käse belegten Waffeln kurz überbacken, bis der Käse zerlaufen ist.*

Alphabetisches Register

A
Amarettini-Waffeln 44
Apfelwaffeln 40

B
Bananenwaffeln mit heißer Schokoladensauce 16
Bergische Waffeln 48
Brüsseler Waffeln 50
Buttermilchwaffeln 12

C
Cabanossi-Waffeln 92
Ciabatta-Waffeln 65
Cornflakes-Schoko-Waffeln 11
Cranberry-Waffeln 34

D
Deftige Laugenwaffeln 88
Dinkelwaffeln mit Mineralwasser und Datteln . 14

F
Fanta-Waffeln 40
Fruchtige Ringelwaffeln 42
Fruchtpüreewaffeln 52

G/H
Glasierte Schokoladenwaffeln 18
Haferflockenwaffeln mit Aprikosen 46
Hefewaffeln mit Zitronenbutter 54

K
Kaffeewaffeln 26
Kartoffelwaffeln mit Dreifrucht 58
Kartoffelwaffeln 66
Kartoffelwaffeln mit Dinkel 86
Käse-Feigen-Waffeln 68
Kokoswaffeln 30
Kuhfleckenwaffeln 56
Kürbiswaffeln 78

L/M
Laugenwaffeln, deftige 88
Marzipan-Sahne-Waffeln 20
Mascarpone-Waffeln mit Orangen und Weintrauben 32
Mohn-Hefe-Waffeln 24

P
Polentawaffeln mit gebratenen Pfifferlingen .. 72

R
Ringelwaffeln, fruchtige 42
Rosmarinwaffeln 90
Röstiwaffeln mit gebratenem Speck 76
Rote-Bete-Waffeln 80
Russisch-Brot-Waffeln 62

S
Sandwaffeln (**Titelrezept**)
Sauerkrautwaffeln 82
Schokoladenwaffeln (**Titelrezept**)
Schokoladenwaffeln, glasierte 18
Schoko-Zimt-Waffeln 60
Sesamwaffeln mit Frühlingssalat 70
Speckwaffeln, würzige 84
Stollenwaffeln 36

T
Tomatenwaffeln 74

V/W
Vanillejoghurt-Waffeln mit Erdbeeren 28
Vanillewaffeln mit Nougatfüllung 22
Waffeln, Bergische 48
Waffeln, Brüsseler 50
Würzige Speckwaffeln 84

Z
Zitronentee-Waffeln 38

Themenregister

Süße Waffeln

Cornflakes-Schoko-Waffeln 11
Buttermilchwaffeln 12
Dinkelwaffeln mit Mineralwasser und Datteln . 14
Bananenwaffeln mit heißer Schokoladensauce 16
Glasierte Schokoladenwaffeln 18
Marzipan-Sahne-Waffeln 20
Vanillewaffeln mit Nougatfüllung 22
Mohn-Hefe-Waffeln 24
Kaffeewaffeln 26
Vanillejoghurt-Waffeln mit Erdbeeren 28
Kokoswaffeln 30
Mascarpone-Waffeln mit Orangen und Weintrauben 32
Cranberry-Waffeln 34
Stollenwaffeln 36
Zitronentee-Waffeln 38
Fanta-Waffeln 40
Apfelwaffeln 40
Fruchtige Ringel-Waffeln 42
Amarettini-Waffeln 44
Haferflockenwaffeln mit Aprikosen 46
Bergische Waffeln 48
Brüsseler Waffeln 50
Fruchtpüreewaffeln 52
Hefewaffeln mit Zitronenbutter 54
Kuhfleckenwaffeln 56
Kartoffelwaffeln mit Dreifrucht 58
Schoko-Zimt-Waffeln 60
Russisch-Brot-Waffeln 62

Pikante Waffeln

Ciabatta-Waffeln 65
Kartoffelwaffeln 66
Käse-Feigen-Waffeln 68
Sesamwaffeln mit Frühlingssalat 70
Polentawaffeln mit gebratenen Pfifferlingen 72
Tomatenwaffeln 74
Röstiwaffeln mit gebratenem Speck 76
Kürbiswaffeln 78
Rote-Bete-Waffeln 80
Sauerkrautwaffeln 82
Würzige Speckwaffeln 84
Kartoffelwaffeln mit Dinkel 86
Deftige Laugenwaffeln 88
Rosmarinwaffeln 90
Cabanossi-Waffeln 92

Umwelthinweis — Dieses Buch und der Einband wurden auf chlorfrei gebleichtem Papier gedruckt. Die Einschrumpffolie – zum Schutz vor Verschmutzung – ist aus umweltfreundlichem und recyclingfähigem PE-Material.

Wenn Sie Anregungen, Vorschläge oder Fragen zu unseren Büchern haben, rufen Sie uns unter folgender Nummer an 0521 155-2580 oder 520650 oder schreiben Sie uns:
Dr. Oetker Verlag KG, Am Bach 11, 33602 Bielefeld
oder besuchen Sie uns im Internet unter www.oetker.de.

Bei den in diesem Buch verwendeten Rezeptnamen handelt es sich zum Teil um eingetragene Marken.

Wir danken für die freundliche Unterstützung — Coca-Cola, Berlin
Henkell & Söhnlein, Wiesbaden

Redaktion — Carola Reich, Annette Riesenberg

Titelfoto — Thomas Diercks, Hamburg
Innenfotos — Thomas Diercks, Kai Boxhammer, Hamburg
(S. 4, 10-23, 27, 31-43, 47, 51, 55-59, 63, 64, 69-85, 89-93)
Brigitte Wegner, Bielefeld (S. 25, 29, 45, 49, 53, 67, 87)
Kramp & Gölling, Hamburg (S. 61)

Rezeptentwicklung und -beratung — Gerhard Ruhle, Hamburg
Eike Upmeier-Lorenz, Hamburg
Mechthild Plogmaker, Dr. Oetker Versuchsküche, Bielefeld

Nährwertberechnungen — Nutri Service, Hennef

Grafisches Konzept — kontur:design, Bielefeld
Gestaltung — kontur:design, Bielefeld
Titelgestaltung — kontur:design, Bielefeld

Reproduktionen — Fotolito Longo, Bozen/Italien
Satz — Typografika, Bielefeld
Druck und Bindung — Mohn media Mohndruck GmbH, Gütersloh

ISBN 3-7670-0755-X